U0100321

大展好書　好書大展
品嘗好書　冠群可期

大展好書　好書大展

品嘗好書　冠群可期

古代健身功法 5

龍形九勢健身法

武世俊／編著

大展出版社有限公司

龍形九勢示範照

第一勢
青龍探爪

第二勢
驕龍撐骨

第三勢
游龍潛海

第四勢
雲龍騰空

第五勢
纏龍返首

第六勢
蟠龍下勢

第七勢
金龍起舞

第八勢
蛟龍戲水

第九勢
團龍望日

前　言

　　龍的子孫，龍的傳人，在龍的故鄉，有著龍的民族文化。中華武術源遠流長，拳種繁多，博大精深。自先秦時期武術逐步成形以來，就不斷地在龍的土地上繼承發揚。幾千年歷史的長河，洗禮了武術，也壯大了武術。武術的發展壯大，也總離不開龍的文化，龍的形象寄托。

　　無論長拳、形意、八卦、太極，還是南拳等，都有龍的動作內容出現。例如，長拳有青龍洗爪、五龍入洞等拳式；形意拳的十二形中龍形爲首勢；八卦拳中又有游龍八盤掌；南拳中有騎龍步等龍形動作；太極拳中更是少不了游龍戲水般的動作。

　　「龍形九勢」這一套健身拳法，是在形意拳「十二形」的首勢「龍形」的基礎上，參照八卦、南拳，以及十二形龍拳等拳種中有關龍

形的不同練法，去繁求簡，本著好學、好記、好練、好看的原則，並根據氣功吐納導引的規則而創編的。

該「龍形九勢」的特點是每勢都是一組單獨的動作，都充分體現出身法如龍形敏捷多變，步法如游龍般起伏有方，提步轉身圓活緊湊，並有纏繞裹撐、抻筋拔骨之勁力。九勢中的每一勢都並不完全歸屬於某一種拳法，卻又吸納了多家拳法的優點，使之更趨於合理、易學，便於各種群體接受。

該套路的創編具有一定的科學依據，其動作速度並不快，難度也不大，練起來美觀大方，適合不同層次的人群通過這項運動的鍛鍊來達到健身和健美的目的。

萌生創編「龍形九勢」的想法，源於先父對我的教誨。先父武慶良(1908～1984)，字子賢，山西孝義人。幼年投師當地形意門大師宋世榮(1849～1927)，曾學得形意五行拳與形意拳中的龍、虎、猴、熊、蛇、雞等手法的變化和實用效果。他對龍形的練法十分注意，並在傳授晚輩時告誡我要多加留意，注意收集有關資料，爭取整理創編一套簡易而實用好練的龍

形動作，並指點我多多觀察北京與大同兩地的九龍壁上的龍的造型，以便從中汲取一些有用的東西。

上世紀六七十年代以來，我多次奔走於北京與大同之間，得以反覆觀察北海九龍壁與大同九龍壁，給今後定型「龍形九勢」的動作收集了不少可供參考的珍貴的素材。九龍壁上那栩栩如生的九條彩龍，千姿百態，動作各異，既賦予了深遠的中華龍的內涵，又在動作的優美造型上給予我諸多啓發。使「龍形九勢」在幾次修改後終於定型，又根據動作特點冠以相應的動作名稱。

書中難免有不足之處，望請指正。

龍形九勢健身法

目　　錄

龍形九勢健身法

【第一勢】
青龍探爪

1.預備勢

兩腿併步站立；兩臂自然下垂於身體左右兩側，十指自然舒展。頭要虛靈上頂，二目平視，下巴向裡含。肩要鬆沉，胸要含而不挺；要拔背裹腹，肛門、會陰要略向上提，使全身不存一絲僵緊。

心要怡靜氣要沉，呼吸要勻慢細長，思想要排除雜念。面向南（圖1）。

【要領】

練功前須默站幾分鐘，在深呼吸的過程中逐漸靜下心來，全身力求放鬆。

2.起　勢

身體慢慢向左轉90°；左腳隨轉體向左前方邁出一大步，隨之兩腿屈膝半蹲，彎曲如弓；

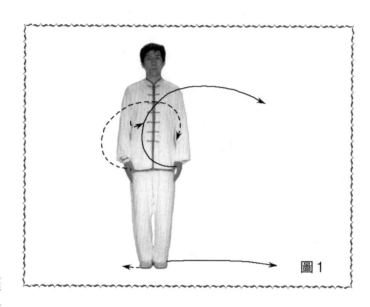

圖1

兩腳十趾抓地，前腳尚虛，後腳尚實；上身中
正，微向後靠，腰如龍盤折疊，收胯斂臀，重
心偏於右腿；同時，左手由腹前向右、向上逆
時針畫弧，經頭前向左前方推按而出，食指上
挑，虎口撐開，掌心朝前下方，手與嘴同高；
右手同時由右下方向右、向上逆時針畫弧，經
頭前下按，置於腹前右側，虎口朝裡，掌心朝
下；面向東（圖2）。

【要領】

此式為形意拳「三體式」椿功姿勢，要求
上身中正，不俯不仰。牙齒相叩，下頦合合，

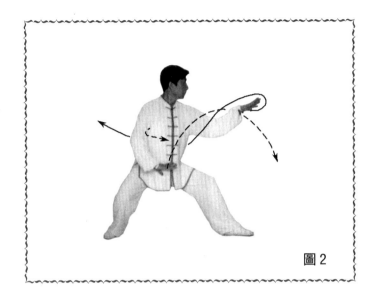

圖2

二目平視。兩肩要鬆沉前合，兩肘要自然下垂並略向裡收。兩臂不可伸直，左手食指上挑，虎口盡力向外撐開，凸掌塌骹。右手下按於腹前，五指撐開。左右手要有前伸後按對開之勁。要沉氣而裹腹，拔背而含胸；坐腰而收臀；縮胯而斂襠，兩膝裡扣，十趾抓地。

　　要有「雞腿、龍身、熊膀、虎撲」之形意三體式樁功的「四象」。同時強調肩胯相合、肘膝相合、手足相合的「外三合」之形，以及形與意合、意與氣合、氣與力合的「內三合」之意。呼吸要勻慢細長。

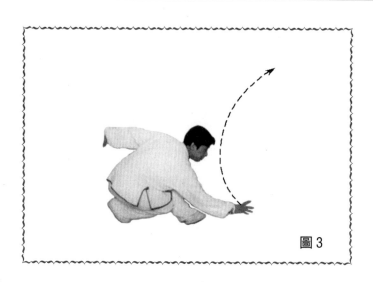

圖3

3. 右　勢

上身略向左轉；左掌順纏絲上翻（小指向掌心方向旋轉為順纏絲，拇指向掌心方向旋轉為逆纏絲），手掌高與嘴齊平；右掌隨之由腹前向上，順著左臂內側向前上方經左手背上側伸出，然後迅速向體前下方推按，至地面約20公分；同時，左掌由前往回抽帶，經左胯側至身左後方；兩掌手指撐開呈龍爪狀，且掌心均朝下；同時，兩腿屈膝全蹲成左歇步，左腳尖略向外展，右腳跟離地；上身向前傾，目視右手，面向東（圖3）。

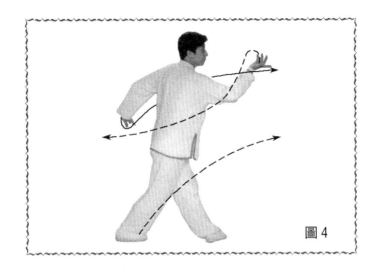

圖4

【要領】

身體下蹲要與轉身同時完成。右掌向前下
方推按要與左掌向後抽帶協調一致，形成前後
對開之勁，要與身體下蹲合成整勁。速度要由
慢漸快，柔中帶剛。落點處呼氣，意念有內氣
經腹部丹田發出，貼背上行並通過手臂直達右
掌心「勞宮」穴。頭要前領，肩要鬆沉，右手指
盡力前探呈龍爪狀，左手指亦應撐開呈龍爪狀。

4.左　勢

右掌順纏絲翻掌並向身前收回，再經胸前
向前上方穿出；右掌與嘴同高，掌心朝上；同

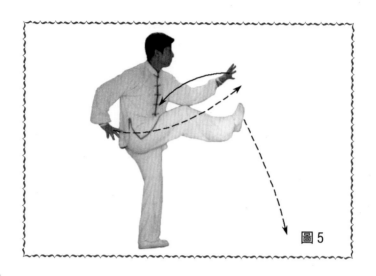

圖5

時兩腿直立站起，左掌保持不動；目視右掌，面向東（圖4）。

【要領】

右掌往回抽帶時，要意念以內勁貫於手臂之中，感覺如撕棉扯布一樣用力，當手掌向前上方穿出時要有前頂上翻之勁。同時要配合吸氣，體會有天地精華之氣遍及全身，使周身毛孔舒張開來。

5.上動不停。此時左掌順纏絲內翻，使掌心朝上，經左胯側向前，順著左前臂內側，再沿右手背上方逆纏絲翻掌向前推出，掌心朝前

圖6

下方，高與嘴齊平；右掌隨之逆纏絲翻轉，使掌心朝下，向後抽帶至右胯側；同時，右腳屈膝提起向正前方蹬出，右腳尖外撇，高與右胯齊平；面向東（圖5）。

【要領】

此動作要舒展順暢，速度均勻，右蹬腳與左推掌要協調一致、同步完成。同時要沉肩坐胯，拔背含胸。兩臂呈弧形，不可伸直。身如騰空之龍向前探爪。此時用呼氣，感知內勁行走於筋骨之間而意達遠方。

6.上動不停。右腳向前落地，腳尖外展，

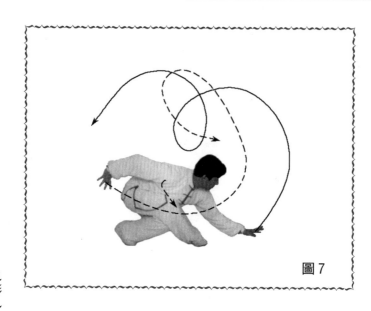

圖7

隨之左腿屈膝微下蹲；同時，右掌由身後經右
胯側向前上方順纏絲上撩，高與嘴齊平，掌心
朝上；隨之，左掌抽回下按於腹前，掌心朝下；
身體略向前傾，目視右掌，面向東（圖6）。

7. 上動不停。右掌由前方逆纏絲向上、向
後抽帶畫弧，下捋至右胯側，掌心朝下；左掌
由腹前向前下方推按，掌心朝前下方；同時，
兩腿屈膝全蹲成右歇步，右腳尖外展，左腳跟
離地，上身前傾；左掌距地面約 20 公分；目視
左掌，面向東（圖7）。

圖8

【要領】

以上兩動須連貫完成。圖7要領與圖3要
領相同，只是左右勢互換。

左右兩勢動作方法與要領完全相同，只是
左右方向互換。可以交替重複若干次。

8.轉身動作。由圖7左勢開始。

身體起立，腰向左轉；右腳尖向裡扣，左
腳以腳前掌為軸轉動，使身體向左轉180°；同
時，左掌甩臂上挑，右掌也同時由右胯側向前
上方上撩至頭前側；隨之兩腿屈膝半蹲成半弓

半馬步；左掌經右臂內側穿過並向前下方推按，高與肩齊平，掌心朝前下方；右掌抽回至右胯側，掌心朝下；定勢為三體式椿步；頭正項直，沉肩垂肘，含胸拔背，坐腰收胯，提肛裹腹，十趾抓地，目視正前方，面向西（圖8）。

【要領】

此動作的最後定勢與圖2要求一致。在轉身過程中，要求手足相應，身法靈巧，以腰的旋轉來帶動全身，使手臂在轉體的過程中連貫完成撩、挑、穿、按等手法。

注意在起身轉體時要吸氣長身，空中變勢，定勢沉穩有力而氣達肌膚。

9. 如圖9所示。動作方法與要領與圖3完全相同。

10. 以下動作方法和要領與圖4至圖8內容完全相同，只是方向相反（圖10～圖14）。

【說明】

第一勢「青龍探爪」的起勢完全由形意拳的三體式椿功開始。可以先進行三體式站椿以

圖9

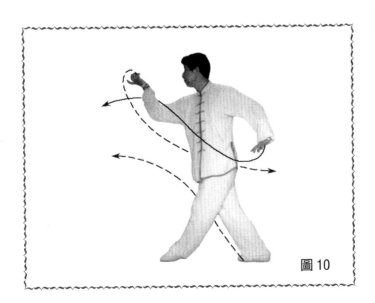

圖10

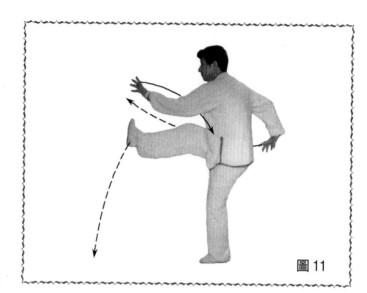

圖 11

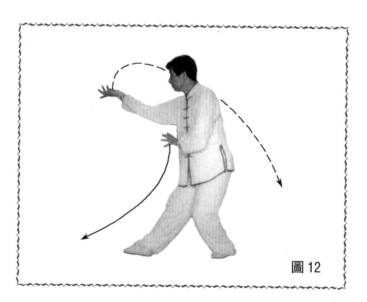

圖 12

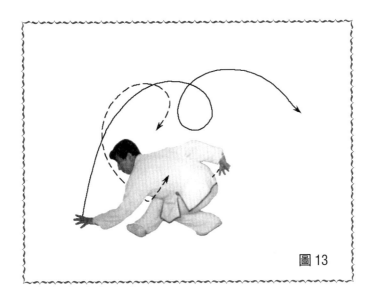

圖 13

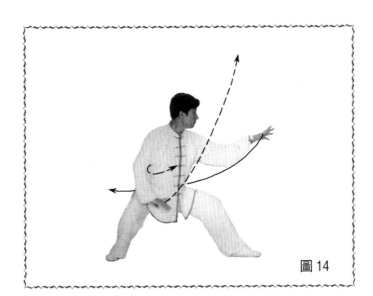

圖 14

後再接著練習該勢，效果更佳。

　　該勢動作的全過程是由形意拳十二形首勢「龍形」的原動作稍加改變演化出來的。其主要變化是將動作節奏適當放慢，重點配以深呼吸及內氣功的訓練來達到健身強體的作用。該勢主要鍛鍊腿部和上身動作的協調配合，以便使各部位肌肉充分得到柔韌性的訓練。

　　該勢左右練法完全相同，可根據具體條件將左右勢接起來重複連續練習若干次。最後收勢仍以三體式形式出現，以便直接進入下一勢的練習。

【第二勢】
蛟龍撐骨

1.預備勢

以三體式開始,面向東(圖14)。其要領
與第一勢中圖2類同。

2.右　勢

身體直立,腰向左旋;右掌由腹前向右上
方盡力直臂上托,掌心朝上;同時,左掌由前
向左後側盡力直臂下按,掌心朝下,兩掌指均
撐開呈龍爪狀,而且左右手須形成上下對拉之
勢;此時兩腿蹬直成交叉步型,十趾抓地,兩
腳跟均不可離地;頭要隨腰的左旋向左後下方
斜視右腳跟,面向東北(圖15)。

【要領】

完成此動作時須吸氣長身,在勻慢細長的
吸氣過程中,讓左右手掌盡全力上下對撐,同
時再配合兩腿交叉蹬直,使全身處於纏絲扭轉

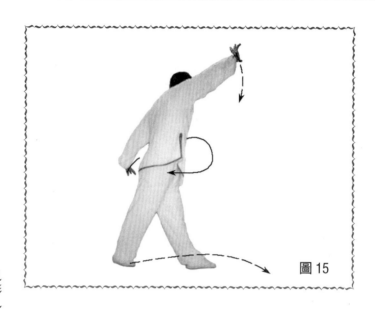

圖15

的狀態下。

　　此時腰部以上要有上伸拔長的感覺，不可彎腰駝背。吸氣時還要使小腹有充實下壓感，這樣可使胸內腔膈肌下降，氣息深沉，達到既修練體形，又鍛鍊內臟的強身健體的雙重作用。該動作應緩慢而不可疾速求快。

3.左　勢

　　右腳向正前方邁出一步，腳尖外展，兩腿蹬直，十趾抓地，同時腰向右旋，使兩腿成交叉步；右臂下沉，左臂上抱，使兩臂合攏交叉

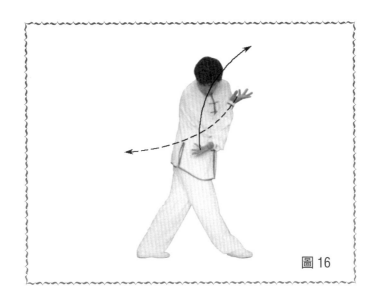

圖16

於胸前；右臂置於左臂上側，掌心朝上，左臂置於右肘下方，掌心朝上；兩肩下沉前合，含胸束膀，頭略向右下斜視，目視左掌，面向東南（圖16）。

【要領】

完成此動作須呼氣縮身。要在徐徐呼氣的過程中做到縮胸縮腹。動作宜緩慢而鬆沉，以利於呼氣順暢、徹底，使背部肋骨有向腰部下縮之意，達到「縮胸」的作用。

再結合臀部上提、小腹回收，又起到「縮腹」的作用。結合肩部前合，兩臂屈肘環抱，

圖 17

做到最大限度的上身收縮。與前一動作的擴張拉伸形成一開一合、一伸一縮的作用，以增強身體內部的鍛鍊效果。

4.動作方法和要領與圖 15 完全相同，只是左右互換（圖 17）。

5.動作方法和要領與圖 16 完全相同，只是左右互換（圖 18）。

6.動作方法和要領與圖 15 完全相同（圖 19）。

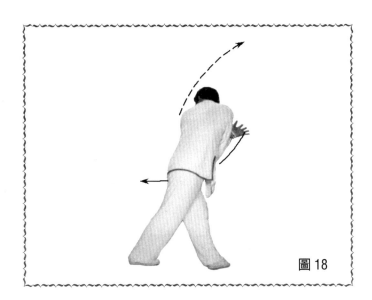

圖 18

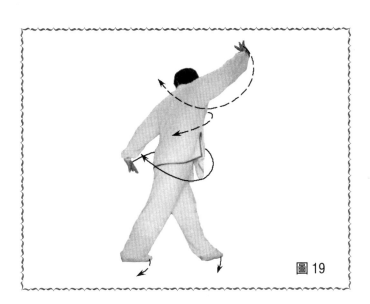

圖 19

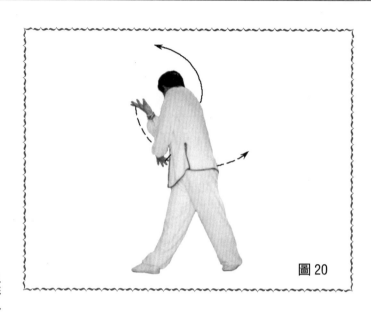

圖 20

以上左右勢可重複進行。

7. 右轉身動作。可接上動左腳尖向裡回扣；隨之右腳以腳跟為軸向右轉動，使右腳尖外展，同時身體向右旋轉 180°；兩手臂隨轉體合抱於胸前，右臂在上，左臂在下，兩手掌心均朝上；目視左腳跟，面向西北（圖 20）。

【要領】

與圖 16 要領完全相同。

8. 動作方法和要領與圖 15 完全相同（圖

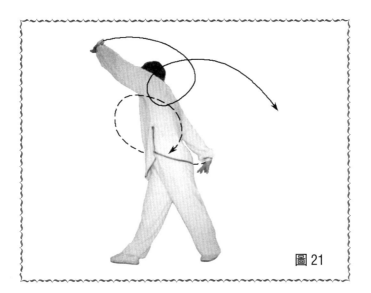

圖 21

21）。

9. 收勢動作。接上動，向左轉身，變成三
體式樁步定勢即可。具體方法如下：

右腳尖向內扣，隨之左腳以腳跟為軸轉
動，使左腳尖外展，身體隨之向左旋轉 180°；
同時，左手隨轉體順勢由上向下畫弧，右手隨
轉體順勢向左前方撩起，並於胸前使兩手臂交
叉；然後，左掌由右臂內側上穿，經右手背上
方伸出並向前下方推按，掌與嘴齊平，掌心朝
前下方；右掌由胸前向右下方抽帶，按於腹前

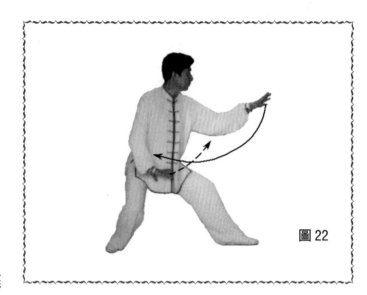

圖 22

側，掌心朝下；隨之左腳略向前移半步，兩腿
屈膝下蹲成半弓半馬步，重心偏向右腿；目視
正前方，面向東（圖22）。

【要領】

在轉體過程中，要求以腰為軸帶動全身協
調完成。最後定勢為形意拳三體式樁功姿勢。
要求做到手腳相合、肘膝相合、肩胯相合的
「外三合」和意、氣、勁的「內三合」。其要
領與圖2內容完全相同。

【說明】

此第二勢在全過程中要體現出「撐」，相對應的落勢要做到「縮」。在一撐一縮、一開一合的過程中，完成深腹式呼吸與動作的協調配合。只有徹底地縮，才可有效地撐，才能真正達到五臟六腑的內在按摩作用，起到強健內臟、調理三焦脾胃、理順肺腑臟氣的健身效果。

可以根據場地大小重複左右勢若干次。同時掌形要以龍爪形為主。第二勢可以與第一勢收勢的三體式直接相連。

龍形九勢健身法

【第三勢】
游龍潛海
（又名：老龍臥道）

1.預備勢

同第一勢預備勢，如圖1所示。然後變成如圖2所示的三體式，面向東。

也可以直接由第二勢收勢的三體式動作相接，即由圖22所示開始。

2.右　勢

兩腿蹬直，身體站立，腰略向右旋；同時，兩手臂向胸前合抱，左臂在上，置於右肘內上側；右臂在下，右掌置於左肘外下側，兩掌均呈龍爪狀，掌心均朝上；目視左下側，面向東南（圖23）。

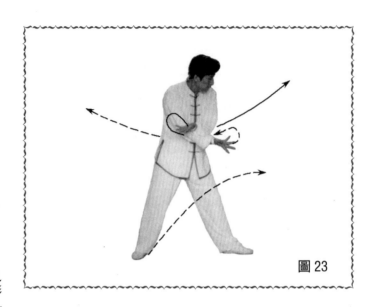

圖 23

【要領】

　　兩手臂合抱時要含胸束膀，拔背扣肩。十趾抓地，腳心「湧泉」穴要虛含。此時要吸氣，感知氣行於脊背，有「牽動往來氣貼背」之內功要求。全身上下要柔中含剛，隨著吸氣而愈抱愈緊，有「龜縮」之意。

　　3. 上動不停。兩手臂同時向左右兩側平舉，直至與肩同高；隨之，兩掌向兩側撐開，左掌心向左，右掌心向右，兩虎口均朝下；同時，右腿屈膝上提，向左側提腿盤膝橫架於腹

圖24

前，腳尖翹起，腳心朝左，腳應高於左膝；左
腿微屈膝下蹲呈左獨立勢；上身略向前傾，目
視左前方，面向東南（圖24）。

【要領】

　　右腿須在吸氣將盡時快速提起。此時要含
胸收腹，縮胯提肛，牙齒相叩，舌頂上腭。右
腿盡力上提，兩手呈龍爪狀向左右兩側盡力對
撐。在氣功中有內氣「通臂」之意。

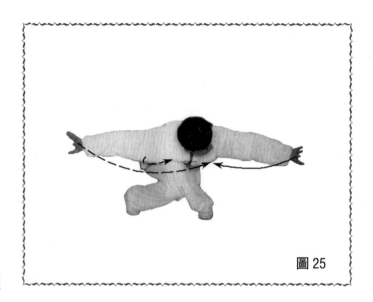

圖 25

4.上動不停。右腳向左前側落地，兩腿蓋步交叉，隨之兩腿屈膝全蹲成右歇步；同時，上身前傾下俯，使前胸與右膝相觸；兩手臂保持不動，隨上身平行下降於左右兩側；目視左側，面向東南（圖 25）。

【要領】

此動作要隨著呼氣將身體緩緩下落，同時全身放鬆，有「雁落平沙」之感覺。

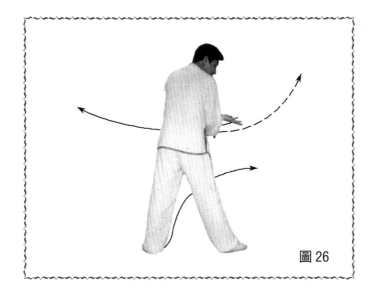

圖 26

5. 左　勢

　　身體起立；右腳尖向裡扣，左腳以前腳掌為軸轉動，使身體向左旋轉180°；兩手臂隨轉體順勢合抱於胸前，右臂在上，置於左肘內上側；左臂在下，左掌置於右肘外下側，兩掌均呈龍爪狀，掌心均朝上；目視右下側，面向東北（圖26）。

【要領】

　　其要領與圖23內容完全相同。

圖 27

6.動作方法和要領與前面圖 24 相同，只是提左腿變成右獨立，左右互換（圖 27）。

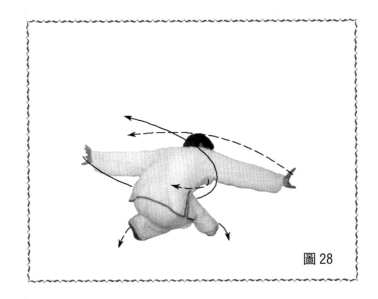

圖28

7. 上動不停。動作方法和要領與圖25完全相同，只是左右勢互換（圖28）。

以上左右勢可以連續反覆練習若干次。

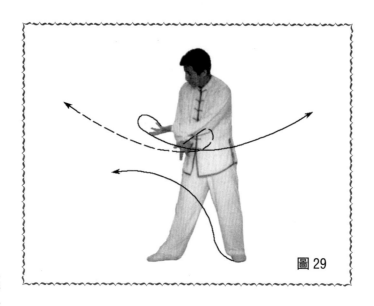

圖 29

8.轉身動作。接上動。

兩腿蹬直，身體直立站起；同時，左腳尖向裡扣，身體隨之向右旋轉 180°；兩手臂隨轉體順勢向胸前合抱；面向西南（圖 29）。

【要領】

動作方法和要領與圖 26 相同。

9.上動不停。動作方法和要領與圖 24、圖 25 完全相同。只是方向相反（圖 30、圖 31）。

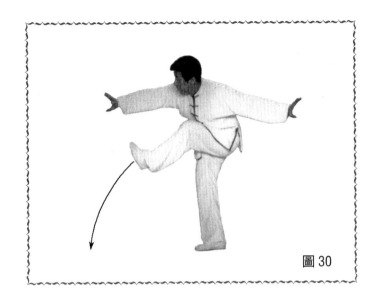

圖30

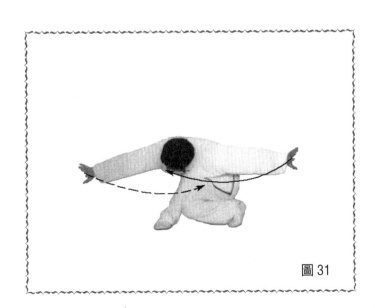

圖31

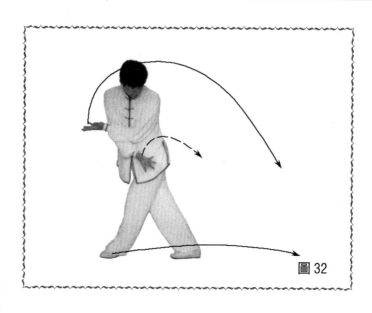

圖 32

10. 收勢動作。接上動。

　　兩腿蹬直,身體直立站起;兩手臂交叉合
抱於胸前,左臂在上,右臂在下,兩手掌均朝
上;目視左下方,面向東南(圖 32)。其要領
與圖 26 完全相同。

圖33

11.上動不停。腰略左旋，左腳向左側橫跨一步，隨之兩腿屈膝下蹲成半弓半馬步；同時，左掌由右側經頭前向左前方推按，掌與嘴同高，掌心朝前下方；右掌翻手下按於腹前側，掌心朝下；目視正前方，面向東（圖33）。

【要領】

該動作概括起來是由左轉身跨步到定勢，為形意拳三體式椿功姿勢。其要領與圖2完全相同。

【說明】

此第三勢為「游龍潛海」，又名「老龍臥道」，重在一個「潛」字或「臥」字上。就是要盡力下低勢。要求做到以深呼吸來配合相應的動作，完成「收合吐放」的氣功作用。吸要收斂而緊湊，呼要吐放而鬆沉。

此勢源於形意拳十二形首式「龍形」的另一種練法，結合腹式呼吸，以養內為主而變換得來。常練此式會促使下腹一提一放，一緊一鬆，得到內臟按摩般的鍛鍊，可使腸道蠕動，穀道暢通，更有固腎和防脫肛的效果。

可根據場地大小，左右勢重複練習若干次。

【第四勢】
雲龍騰空

1.預備勢

同第一勢預備勢，如圖1所示。然後變成如圖2所示的三體式。

也可以直接由第三勢收勢的三體式動作相接，即由圖33所示動作開始。

2.右　勢

右掌由腹前向左側上撩，順時針畫弧經胸前向右上方撩起，側架於頭右側，掌心朝外；左掌由前向胸前逆時針畫弧攔截，再向左下側推按，掌心朝左前下方，兩掌均呈龍爪狀；同時，右腿屈膝上提，右腳略高於左膝，腳尖外翹；左腿微屈成左獨立狀；目視左掌，面向東（圖34）。

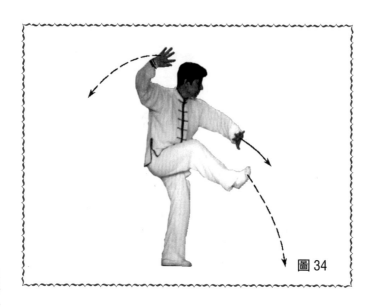

圖34

【要領】

該動作要在吸氣過程中完成。雙臂外展要舒緩纏繞，提腿要輕靈敏捷。手足力求協調柔順。

3.上動不停。右腳向左腿左側前落地成蓋步交叉，隨之兩腿屈膝全蹲成右歇步，右腳全腳掌著地，左腳跟離地；同時，左掌隨身體下蹲順勢以掌外沿向左下方切掌，至地面 10 公分

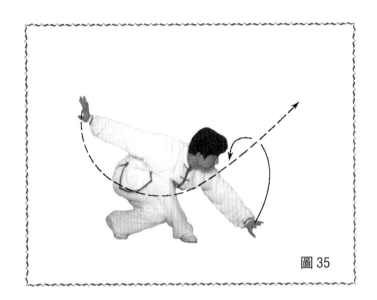

圖35

左右，掌心斜向前下方；右掌隨著身體下蹲繼續沿弧線向右後方畫出至身右後側，掌略高於肩，掌心朝後；上身略向前傾，目視左掌，面向東（圖35）。

【要領】

　該動作須隨著身體下蹲而呼氣，而且要周身鬆沉，不留一絲僵緊。右腿要輕提輕落。兩臂圓撐纏繞，胸腰折疊起伏。不可挺胸豎肩。

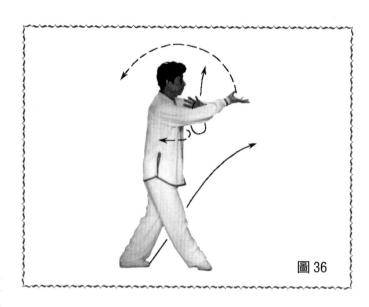

圖 36

4. 上動略停頓後，身體直立站起，兩腿成右蓋步交叉；右掌由右後方向下經右胯側向左前方直臂上托掌，掌與肩同高，掌心朝上；同時，左掌經左前方上撩，隨之再翻手屈肘下按於右臂內側，掌心朝下；目視前方，面向東（圖36）。

【要領】

此動作須在吸氣過程中完成。動作力求勻緩柔順。

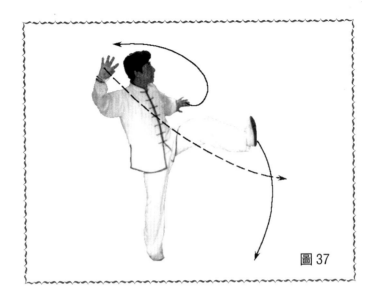

圖 37

5.上動不停。右掌繼續向上托，轉而變成向後攔掌，隨之側架於頭右側，臂微屈，掌心朝外；左掌順勢下滑，經胸前側攔於身體左側，掌心朝外；同時，身體略向右轉；左腿順勢屈膝提起，向左前方蹬腳，腳尖上翹，高度不低於胯；目視正前方，面向東（圖37）。

【要領】

此動作須緊接上動作。要在吸氣中完成兩臂外展動作，然後隨著短促的呼氣，使提腿蹬腳在由慢漸快的運動中完成。

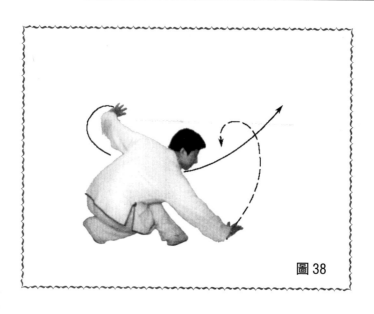

圖38

6. 左　勢

上動不停。左腳向正前方落地，隨之腰略向左旋，使兩腿交叉，然後雙腿屈膝全蹲成左歇步，左腳掌全著地，右腳跟離地；同時，右掌由頭右上側經胸前向前下方直臂下切掌，至地面約 10 公分，掌心朝前下方；左掌經頭前上撩至身體左後側，掌高於肩，掌心朝後；目視右掌，面向東（圖38）。

【要領】

此動作須緊接上一動作，在呼氣中完成。

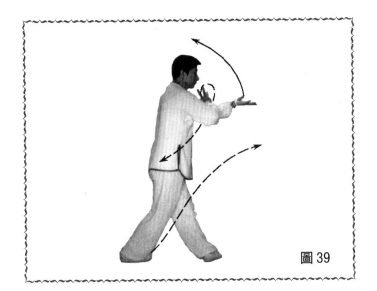

圖 39

其餘要領與圖 35 相同。

　　7.動作方法和要領分別與圖 36、圖 37 的動作方法和要領相同，只是左右互換（圖 39、圖 40）。

　　以上左右勢可以連續交替重複練習。

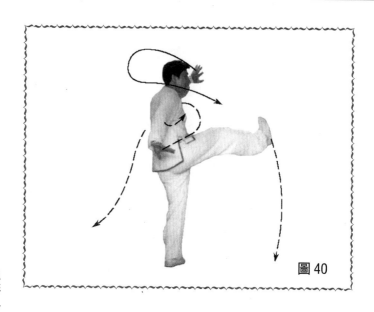

圖40

8. 轉身動作。接上動。

　　右腳蹬出後，向前落地，隨之右腳尖向裡扣，左腳尖外展，身體順勢向左旋轉 180°，使兩腿交叉後屈膝全蹲成左歇步；右掌隨轉體由右側經胸前向前下方切掌，至地面約 10 公分；左掌隨轉體順勢向左上方撩起上架，掌心朝後；身略前傾，目視右掌面向西（圖41）。

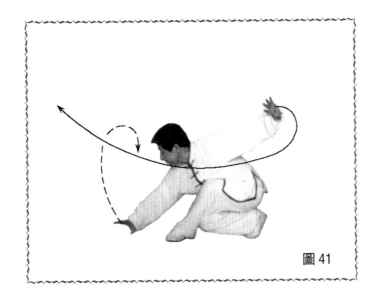

圖 41

【要領】

落腳與轉體要協調一致。兩手臂要隨轉體
順勢轉換手法，不可有僵直抽扯之狀，同時須
配合呼氣，使動作更連貫順達。其餘要領與圖
35 相同。

9.動作方法和要領分別與圖 36、圖 37 相同
（圖 42、圖 43）。

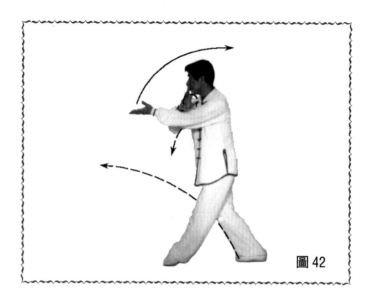

圖 42

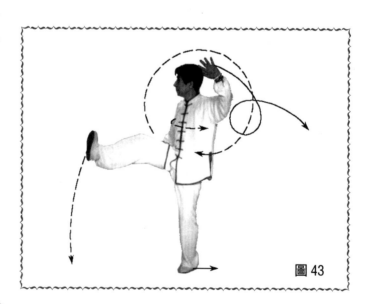

圖 43

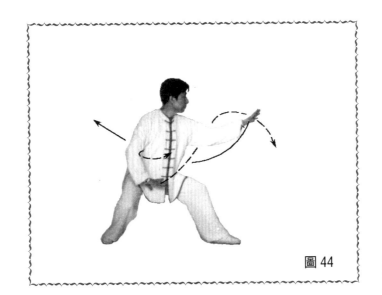

圖44

10.轉體收勢動作。接上動。

右腳蹬出後向前落地，隨之右腳尖向裡扣，左腳尖外展，身體向左旋轉180°之後，兩腿屈膝半蹲成半弓半馬步；同時，右掌隨轉體由右側經頭前向下按於腹前，掌心朝下；左掌隨轉體順勢向下順時針畫弧一周後向前推按，掌與嘴齊平，掌心朝前下方；重心略向後移，定勢成三體式，目視正前方，面向東（圖44）。

【要領】

兩臂要配合呼氣，隨轉體動作協調完成。最後定勢成三體式樁功姿勢。其餘要領與圖2類同。

【說明】

此勢從整體上要做到跌宕起伏，輕柔順暢，如龍行蛇動。要配合呼吸來完成動作。左右勢可以交替重複練習。長期訓練此勢，可使周天運轉，內氣直達四肢。

【第五勢】

纏龍返首

1. 預備勢

同第一勢預備勢，如圖 1 所示。然後變成如圖 2 所示的三體式。

也可以直接與第四勢收勢的三體式動作相接，即由圖 44 所示動作開始。

2. 右　勢

腰向左旋，兩腿順勢交叉並屈膝全蹲成左歇步；左腳掌全著地、腳尖外展；右腳跟離地；同時，左臂屈肘回抽，逆纏絲向後撩掌；右掌順纏絲，掌心朝上，由左腋下向左後側穿出，然後經左肘外側向上畫弧，再逆纏絲向頭右側撐掌；左臂繼續逆纏絲向後撩掌，然後直臂反手上托；右掌心朝前下方，左掌心朝後上方；上身盡力前俯，頭向左扭，目視左掌，面

圖 45

向東北（圖 45）。

【要領】

轉體屈膝下蹲要與纏臂繞轉協調一致，動作要在輕柔婉轉中完成。兩掌要呈龍爪狀。兩臂交叉時要呼氣縮身，含胸束胯，兩肩下沉，並隨著呼氣將兩掌極力向外緩緩撐出。

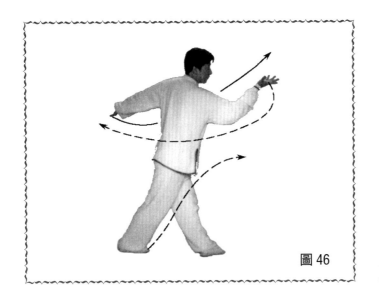

圖46

3. 左　勢

身體直立站起；右掌順纏絲由前接回，並經胸前和腭下向正前方穿出，手掌呈龍爪狀，掌心朝右上方；左手臂不動；目視右掌，面向東（圖46）。

【要領】

此動要練到柔中帶剛。隨著吸氣，使右臂如拉纖撕棉一樣感覺內勁行於肌膚之中。

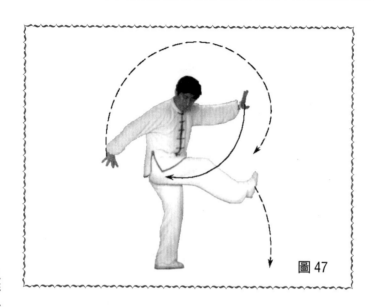

圖47

　4.上動不停。左掌順纏絲翻掌，掌心朝上，由左後方經右肋側向右掌上方穿出；右掌逆纏絲，由前向右後側反手後撩；同時，右腿屈膝向左前方提起成左獨立式；腰向右旋，目隨右掌，面向東南（圖47）。

　【要領】

　此動作緊接上動不停。左前穿掌與右後撩掌要在勻慢細長的吸氣中輕舒手臂，與提腿前邁協調一致、輕鬆圓活，不可僵硬。

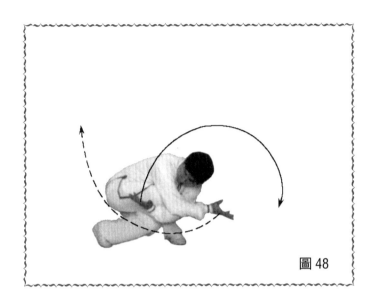

圖48

5. 上動不停。右腳向前落地，腳尖外展；同時，兩手繼續畫弧，右掌由後向上經頭前向下攔截，屈肘橫於胸前；左掌由前向下，與右手交叉合抱於胸前，右手在上、左手在下，兩手手心均朝上；隨之兩腿屈膝全蹲成右歇步，右腳掌全著地，左腳跟離地；上身略向前，目視右後方，面向東南（圖48）。

【要領】

此動作緊接上動不停，中間不可出現斷續處。兩臂要在緩慢圓潤的纏繞中完成。兩臂合

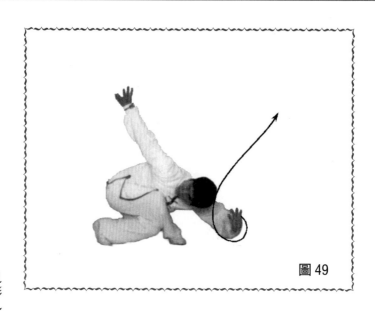

圖49

抱時要含胸束膀，有纏裹緊縮之感。

6.上動不停。左掌逆纏絲，由右肘外側摟出，經頭頂向上攔截，隨後置於頭左下側，掌心朝左下方；右掌逆纏絲，向後反手直臂上托；上身盡力前傾，頭向右轉，目視右掌，面向西南（圖49）。

【要領】
與圖45內容相同，只是左右勢互換。

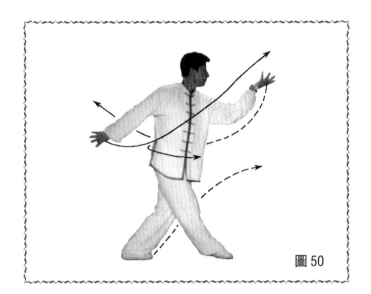

圖50

7. 緊接右勢。動作方法和要領分別與圖 46、圖47、圖48、圖49所示的左勢內容相同，只是左右勢互換（圖50～圖53）。

【說明】

此第五勢「纏龍返首」參考了「十二形龍拳」動作，去繁求簡，以健身為主而做了適當的修改。同時配合吐納呼吸，使之動作簡化易學，更具有健身性。

左右勢可交替重複練習若干次。整體要求配合深呼吸，做到兩臂順逆纏絲、旋腕轉膀，

圖 51

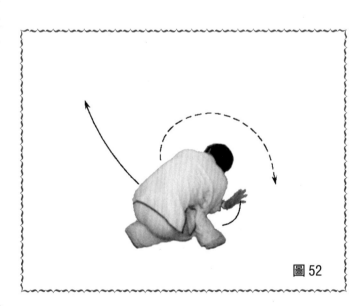

圖 52

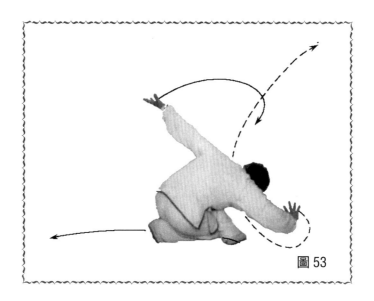

圖 53

胸腰折疊迂迴，輕如蛇盤龍行，綿綿不斷，起伏有序，快慢有節，借以達到全身自我按摩的作用。長期堅持鍛鍊此勢，可使周身氣血流暢，骨節靈活。

　　收勢動作可以直接站立，兩臂自然下垂放鬆即可。也可以直接與第六勢起勢相接。

【第六勢】

蟠龍下勢

1.左　勢

直接由第五勢圖53動作接入。

身體起立；左掌由左側向上經頭前順時針畫弧向右攔掌至胸前，掌心朝上；隨之右掌順纏絲捋回至腹前，再經左臂內側向右上方穿出，掌高於頭，掌心朝上；同時，左腳向左側橫跨一步並蹬直；隨之右腿屈膝半蹲成右弓步；目視右掌，面向東北（圖54）。

【要領】

動作要隨勻細的腹式呼吸在吸氣長身的過程中緩緩完成。兩掌須呈龍爪狀。

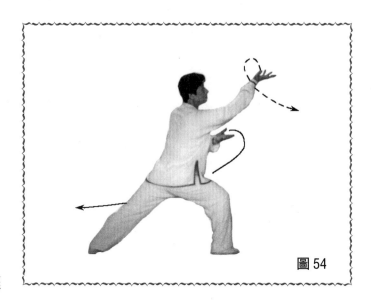

圖 54

2.上動不停。右腿繼續屈膝下蹲，左腿直膝下鋪成左仆步；同時，左掌逆纏絲，由胸右側經腹前向左下方沿著左腿上側反手直臂下穿掌，直至左腳面處，掌心朝上；右掌隨著身體下蹲逆纏絲翻腕，向右上側翻手直臂上托，掌心朝上；上身略向左前傾俯，目視左掌，面向西北（圖55）。

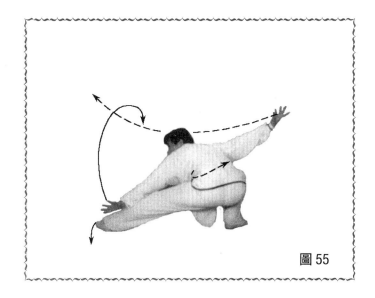

圖55

【要領】

　　兩臂直臂外展時要同步進行，盡力使兩臂形成一直線。並配合呼氣，意念內氣經手臂直達手梢。

圖 56

3.右　勢

　　身體直立站起，隨之腰向左旋轉180°，使兩腿成左蓋步交叉，左腳尖外展，右腳尖裡扣；同時，兩手臂順纏絲，向胸前屈肘合抱，左右兩腕相搭，兩掌合成捧球狀，掌心斜向上；目視兩掌，面向西（圖56）。

【要領】

　　合抱時要吸氣長身。旋轉轉胯，讓重心徐徐左移上提。不可有僵緊之處。

　　4.上動不停。兩手腕相搭並相對順時針旋

圖 57

轉半周後，左掌由前向下至左後方撩起，屈肘斜架於頭左上側，掌心朝左上方；右掌向胸左側屈肘橫攔，掌心朝左，右臂橫置於胸前；同時，右腿隨轉體屈膝上提胸前成左獨立式，腳尖上翹，高度不低於膝；身略前傾，目視前下方，面向西（圖57）。

【要領】

此動作要緊接上一動，中間不可有明顯界限，過渡要柔和順暢，不留停頓之處。整個動作要在吸氣中完成。兩手要呈龍爪狀。同時要沉肩垂肘，凸掌塌腕，胸要含，腋要虛。力求右膝與胸相觸。

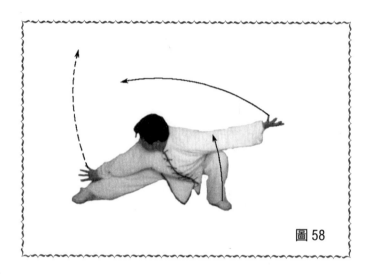

圖58

5. 上動不停。右腳向前落下，並以右腳跟
內側蹭地向前伸出，使右腿直膝下仆成右仆
步；左腿屈膝全蹲；同時，右掌逆纏絲，翻
手，直臂下穿至右腳面上側，掌心朝上；左掌
逆纏絲，向左後方直臂反手上托，掌心朝上；
目視右掌，面向西南（圖58）。

【要領】
與圖55要領內容相同。只是左右勢互換。

以上左右勢練法完全相同，可以交替重複
進行練習。

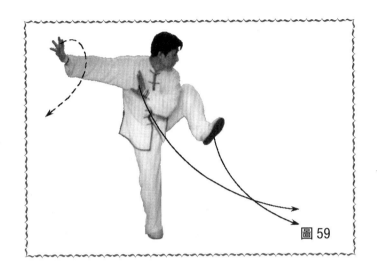

圖 59

6. 轉身動作

接上動。身體直立站起；右掌向上撩起，斜架於頭右側；左掌由上經頭前向下橫攔於胸右側，左臂屈肘橫置於胸前，兩掌心均朝右；同時，左腿屈膝，盡力向上提起成左獨立式，腳尖上翹，高度不低於右膝；上身略前傾，目視左前下方，面向東南（圖59）。

【要領】

動作方法和要領與圖57相同，只是左右勢互換。

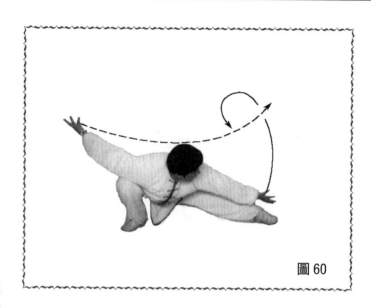

圖 60

7. 緊接左勢。動作方法和要領與圖 55 完全相同（圖 60）。

8. 上動不停。緊接右勢。動作方法和要領分別與圖 56、圖 57、圖 58 完全相同（圖 61～圖 63）。

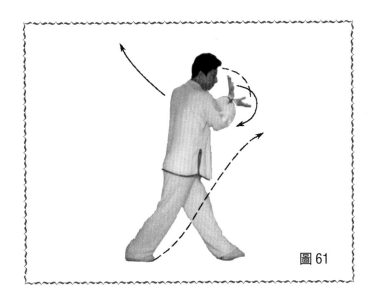

圖 61

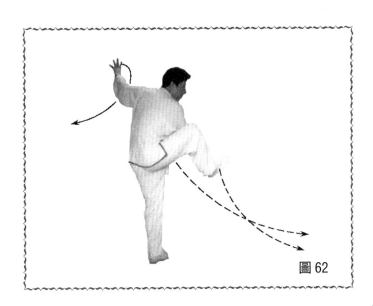

圖 62

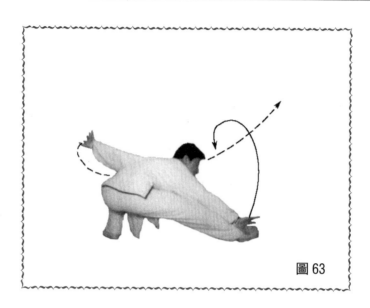

圖63

9. 收勢動作

可以直接併步站立，兩臂自然下垂即可。也可以直接與第七勢「金龍起舞」相接。

【說明】

此勢左右練法完全相同。練時要配合勻慢細長的腹式呼吸，吸升而呼降。要在沉穩中起伏連綿，鬆柔中開合纏繞。長期鍛鍊此勢，有助於腿部肌肉的強化訓練和全身氣血的調理。

【第七勢】

金龍起舞

1. 起 勢

可以直接由第六勢「蟠龍下勢」中圖 63 動作開始接入。

身體起立，腰略向右轉；左掌由身後經左肋側向右前方推出，高與肩齊平，掌心朝前；同時，右掌由下向上撩起，隨之翻手扣按於肘內側，掌心朝下；身體重心略偏於左腿，左腿微屈膝下蹲；目視正前方，面向東（圖64）。

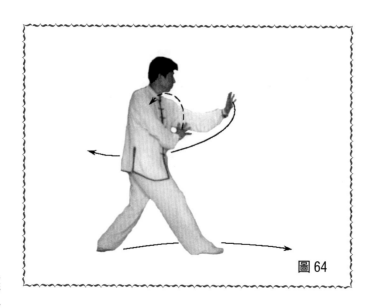

圖64

【要領】

左掌推出時肩要下沉，肘要下垂，使左臂肘部略向下垂，左掌以不超過右腳尖為界。做到形曲力直。頭虛領，項要正，含胸拔背，坐胯襠，十趾抓地。手呈龍爪狀。

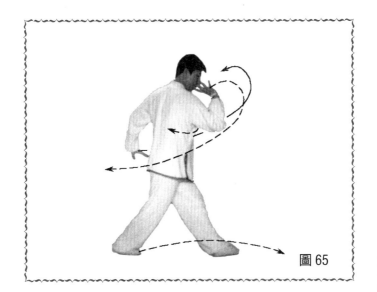

圖65

2.左腳向前邁出一步，前腳掌虛著地，左腿伸直；右腿微屈膝下蹲，身體重心偏於右腿；左手呈龍爪狀，屈肘下撥至左腰側，手心朝下，掌指朝前，虎口朝裡；右手呈龍爪狀，屈肘上托至肩前側，虎口朝裡，手心斜向前上方；目視右前方，面向東（圖65）。

【要領】

手腳要協調一致，動作要輕便快捷，節奏明快。

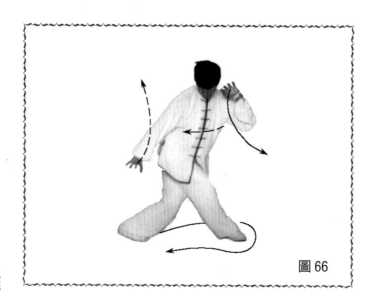

圖66

3.腰略向右轉；右腳向左腿前邁步，成蓋步交叉，右腳尖外展，兩腿屈膝略向下蹲，左腳跟掀起；同時，左手龍爪經腹前向左上方屈肘上托，置於左肩前上方，手心朝上，虎口朝裡；右手龍爪經胸前向右下方直臂下撥，按於右胯側，手心朝下，虎口朝裡；目視右手，面向西南（圖66）。

【要領】

動作要有節奏感。鬆柔中有力度，手腳要相應，顧盼須自如。

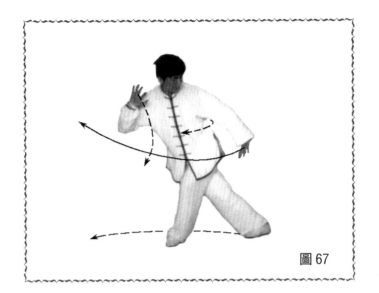

圖67

4. 上體右旋；左腳從後繞經右腿前並向右側蓋步交叉，腳尖外展，兩腿隨之屈膝略下蹲，右腳跟略掀起；左手龍爪經面前向右、向下繞胸前向左下方直臂下撥，按於左胯側，手心朝下，虎口朝裡；右手龍爪經身前向右上方撩起，屈肘上托於右肩前上方，手心朝上，虎口朝裡；目視左手，面向東南（圖67）。

【要領】

轉身蓋步要在腰的旋轉帶動下完成，使之上下協調一致，手腳配合得當，節奏明快，步法輕靈。

圖 68

5. 右腳向前邁出一步，腰略向右轉，兩腿微屈膝，重心略偏於左腿；左手龍爪向前推出，掌心朝前，肘略下垂；右手龍爪扣按於肘內側，手心朝下；目視正前方，面向西（圖68）。

【要領】

此動作與圖64動作要領完全相同。

至此，以上動作完成了一個完整的節拍，即從圖64～圖68為一個動作小段。以下即為重複動作。

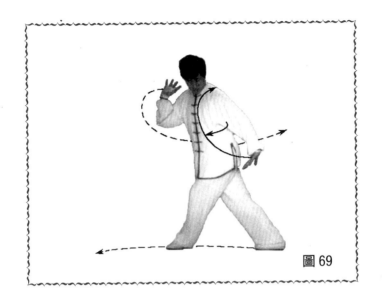

圖 69

　　圖 69～圖 71 的動作方法和要領分別與圖
65～圖 67 完全相同。

圖70

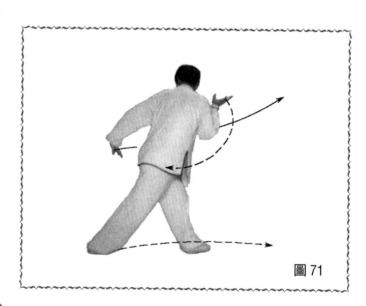

圖71

圖72

6. 收勢動作

右腳向前邁出一步，兩腿微屈膝下蹲，重心略偏於左腿；左手龍爪向前推出，掌心朝前；右手龍爪向身後側下撥，按於右胯側，掌心朝下，虎口朝裡；目視正前方，面向東（圖72）。

然後上左步，右轉身併步直立。收勢。

【說明】

此第七勢「金龍起舞」是根據南拳騎龍步與形意拳的內勁運用而創編的。突出一個「舞」字。要求整體動作始終節奏明快，步法輕靈，瀟灑美觀，手腳協調一致如群龍起舞。長期鍛鍊此勢，可使人手腳靈便，腰胯活泛，步履輕盈，身行敏捷。此勢要練出神韻，練出意境，練出動態美和節奏美。

此勢練習時可重複若干次。

【第八勢】
蛟龍戲水

1.預備勢

以形意拳三體式開始。動作方法與要領與圖2完全相同（圖73）。

圖73

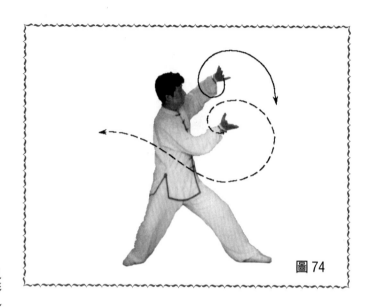

圖74

2. 兩腿不動；兩手同時在身前由下向左、向上順時針畫一立圓，再由右側經腹前合力向身體左上側推托，左手在上，約與頭同高；右手在下，約與胸同高，兩掌心均朝左上方，掌呈龍爪狀；腰略向左旋轉，兩腿微屈膝下蹲；目隨手移，面向東南（圖74）。

【要領】

此動作應以腰為主體，在腰的旋轉帶動下，兩臂在身前順時針擺動一立圓，動作要柔和順暢，上托掌時要沉肩。

圖 75

3. 腰再略向右旋；兩掌在腰的旋轉帶動下，以腕為軸，同時逆時針畫弧一周後，同時向右捋帶，左手捋帶後，屈肘橫置於胸前，掌心斜向前上方；右手經腹前直臂向身後捋帶，停於身右後側，掌與胸同高，掌心朝後；同時，兩腿屈膝下蹲成馬步，重心略向左腿偏移；目視左前方，面向東（圖 75）。

【要領】

以腰帶動全身，旋腕、轉臂。動作要氣勢飽滿，神氣鼓蕩。勁要內轉，氣要下沉。

圖76

4.上動不停。腰向左旋；右掌由後經右胯
側向左前方直臂上撩，右掌與肩同高，掌心朝
上；左掌由下向左上方撩起，再翻掌扣按於右
手臂內側，掌心朝下；目視右手，面向東（圖
76）。

【要領】

右手臂應在沉肩墜肘的情況下，沉穩順暢
地向前撩掌上托。左臂應橫置於胸前，左肘應
外撐。

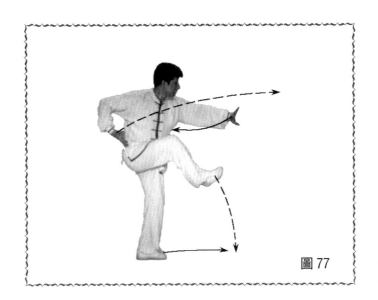

圖77

5. 上動不停。左掌沿著右臂上側向正前方直臂平削掌，掌與肩同高，掌心朝前下方，虎口朝裡；右掌向右後側屈肘回抽至右腰側，高與腰齊平，掌心朝前上方，虎口朝外；同時，右腿屈膝上提並向前欲邁出，腳尖翹起，腳不低於左膝；左腿略屈膝並成左獨立式；目視左前方，面向東（圖77）。

【要領】

左右掌形成前後對開之勢，要有撕棉扯線之感覺。勁力要運於手臂。提腿向前邁，要有前逼之意。

圖78

6.上動不停。右腳繼續向前邁出，落地踏實，重心前移；隨之左腳跟進一步，以前腳掌虛著地。兩腿併攏，屈膝微下蹲；同時，右掌隨著右腳落地之際，順勢由右腰側經左臂上方向正前方穿出，高與嘴齊平，掌心朝上，掌指朝前；左掌抽回，屈肘下按於右肘內側，掌心朝下；目視右前方面向東（圖78）。

【要領】

右腳落地與左腳跟步要輕靈敏捷，如貓行蛇走，同時與右穿掌協調一致，同步完成。兩腿虛實交替要分明。

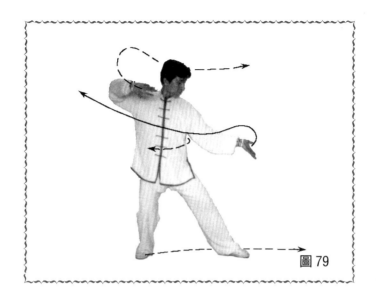

圖79

7.上動不停。左腳向前邁出一步，隨之腰向右旋轉 90°；左掌隨腰轉動而甩臂順纏絲翻掌向左下側斜削，高與腰齊平；右掌亦在腰的帶動下逆纏絲，向右側屈肘上提至右肩前，左掌心朝上，右掌心朝外；目視左掌，面向東南（圖79）。

【要領】

以腰的旋轉帶動手腳的協調一致。

圖 80

8.上動不停。腰繼續向右旋轉 180°；右腳隨著腰的右旋順勢向左腿後插步；兩手在隨腰旋轉的同時，順勢展臂平圓畫弧，置於身體左右兩側；目視右掌，面向北（圖 80）。

【要領】

以上兩動作中，腰的旋轉不可停頓，必須渾然一體，一氣呵成。兩臂要在旋轉過程中自然地舒展開來，要輕柔優雅，飄逸大方，不可有僵緊之處。

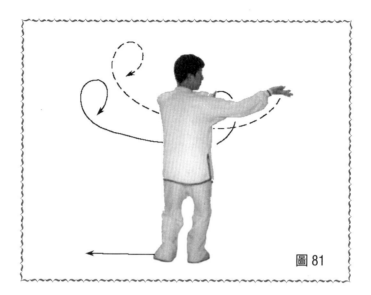

圖 81

　　9. 上動不停。左腿向右腿併攏，左前腳掌虛著地，兩腿屈膝微下蹲；左掌順勢從左側向上經頭前向右側屈肘向下蓋掌，按於右臂內側，掌心斜朝下；右掌由下屈肘向上，經左手背上方穿出，再直臂向右側平伸，掌心朝上，掌與肩同高；目視右掌，面向東北（圖 81）。

【要領】

　　此動作最後要求沉肩墜肘，含胸裹腹，坐腰縮胯，氣向下沉。

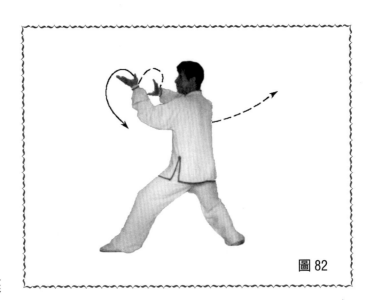

圖 82

　　到此為止，即從圖74～圖81這一組動作為一段完整的動作組合。整體上要求做到連綿不斷，一氣呵成。動作的纏繞穿插要輕柔順暢，轉身變式要步法敏捷。呼吸要自然順暢，不可憋氣。

　　10.動作方法和要領分別與圖74～圖81完全相同，只是變換了一下方向（圖82～圖88）。

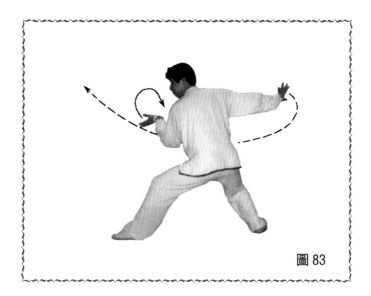

圖 83

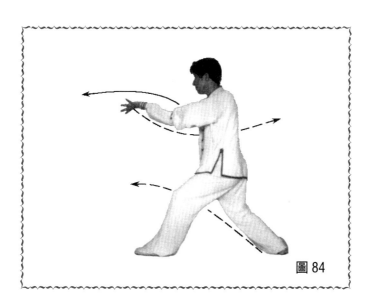

圖 84

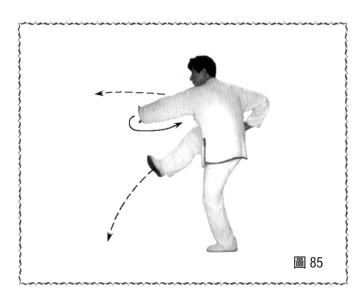

圖85

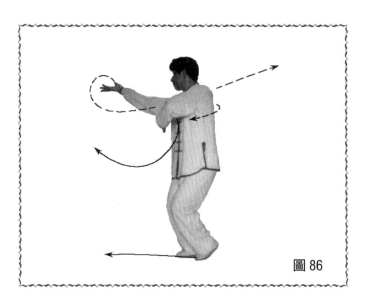

圖86

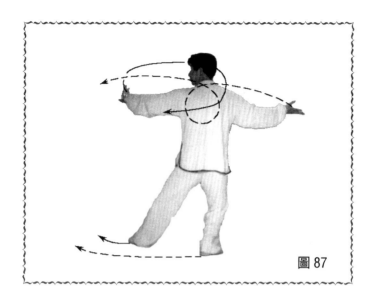

圖87

圖88

11.收勢動作。直接併步直立，兩臂自然下垂即可。也可以直接進入第九勢的練習。

【說明】

此第八勢「蛟龍戲水」，重點在「戲」字上。猶如一條條蛟龍，隨波逐浪，左右翻騰。要在整體上表現出敏捷順暢、穿梭連貫的特點。動作明快流暢，輕如流水，柔如浮雲，忽隱忽現，忽開忽合。呼吸要自然順暢，不可憋氣。

本勢動作可連續做幾組，重複練習。

1.預備勢

可由圖 2 三體式開始，也可以直接與上一勢圖 88 演變而來。即腰略向右旋轉；左掌由右側經胸前向左上方斜挑掌，掌與肩同高，掌心斜向上；右掌屈肘向下畫弧，再翻掌向上斜托於頭右側，掌心斜向上；同時，左腳向左側斜跨一步，兩腿隨之屈膝下蹲成半弓半馬步，左腳尖外展；目視左掌，面向東南（圖 89）。

2. 上動不停。腰繼續向左旋轉；右腿在腰的旋轉帶動下，以左腳為軸，沿地面逆時針畫弧至左前方，兩腿仍屈膝微下蹲；同時，兩手隨著腰的旋轉，兩掌掌心朝上，由右向左在頭前側沿平圓順勢畫弧，兩手略高於肩；目隨手移，面向東北（圖 90）。

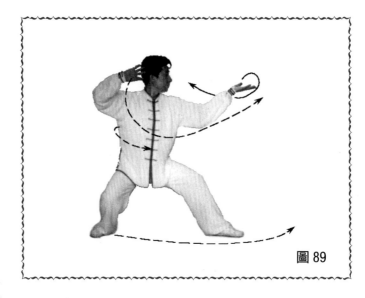

圖89

圖90

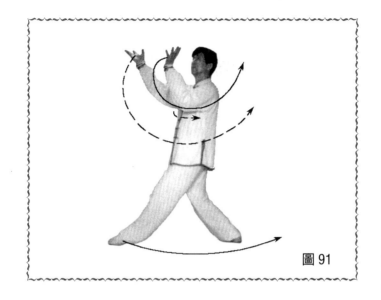

圖91

3.上動不停。腰繼續向左旋轉，兩掌繼續沿平圓向左上方畫弧，逐漸使兩手形成向上捧托圓球狀，兩手心斜向上；右腳隨腰左轉向裡扣腳尖；同時，左腳尖漸漸向外展開，重心漸漸向右腿偏移，左腿漸直，右腿漸屈；目隨手移，面向西（圖91）。

【要領】

兩手要好似向上捧托一個碩大的圓球，由右向左緩緩轉動。因此，頭要略向上仰，身軀要中正，重心轉換於兩腿之間時要平穩過渡，

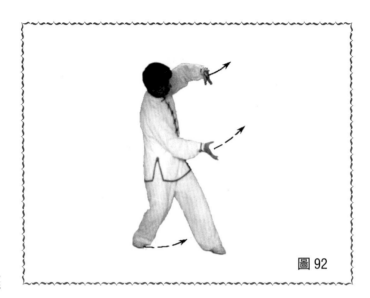

圖 92

不易覺察。神要緊，意要定，要凝視太空，去除雜念，形體力求放鬆，腹內鬆靜空靈，外形中正圓合。

4. 上動不停。腰繼續向左旋轉；左腳隨著腰的旋轉沿地面逆時針向右腿後側畫弧；同時，兩手順勢由右上方畫弧，經胸前向左上方推托，兩掌斜向上；目隨手移，面向東（圖92）。

圖93

5. 上動不停。右腳隨身體旋轉順勢向左腿後側偷步，隨之兩腿屈膝全蹲成左歇步；兩掌繼續向左上方斜托，左掌在上，略高於頭，右掌在下，略低於頭，兩掌心均朝斜上方；目隨手移，面向東北（圖93）。

【要領】

以上動作應連貫完成。兩手始終相對保持捧球姿勢，總體上要以腰的旋轉帶動兩臂來完成畫弧動作。

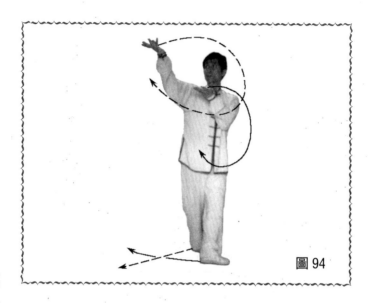

圖94

　　至此，從圖89～圖93為一個動作段落。身體旋轉約360°。

　　6. 腰向右旋轉，身體站立起來；兩腿直立成左蓋步交叉；兩掌由左上側向下沿立圓逆時針畫弧，經胸前向右上方托起；右手在上、略高於頭，左手在下，略低於頭，兩掌掌心均斜向上；目視右上方，面向西南（圖94）。

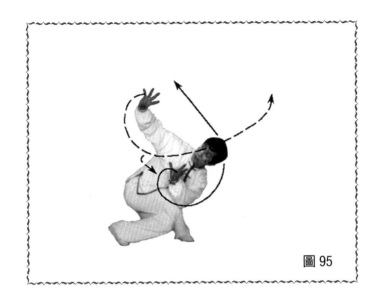

圖 95

7. 上動不停。右腳向右前方斜跨一步，隨之左腳向右腿後側偷步成交叉步型，然後兩腿屈膝全蹲成右歇步；同時，兩掌由右上側繼續以逆時針立圓畫弧一周，經頭前至胸左側，再向右上方斜托；右掌在上、略高於頭；左手掌在下，略低於頭，兩掌心均朝斜上方；目視右上方，面向西南（圖95）。

【要領】

以上兩動作為一小節。其要求與上一小節相同，只是該小節中兩臂畫立圓，方向相反。

圖96

8. 腰向左旋；兩腿隨之直立站起；同時，兩手隨著轉體在頭上側以順時針方向水平畫弧一周；目隨手移，面向北（圖96）。

【要領】

兩手水平圓畫弧時，頭略向後仰，全身要以腰的旋轉協調一致。

圖 97

9. 上動不停。左腳隨轉體順勢向左前方跨出一步，隨之右腳向左腿後側偷步，然後兩腿屈膝全蹲成左歇步；同時，兩掌繼續沿順時針方向畫弧，由上向右，經胸前向左側上方捧托；左手掌在上，略高於頭；右手掌在下，略低於頭，兩掌心均朝斜上方；目視左上方，面向西北（圖 97）。

【要領】

以上兩動為又一個動作段落小節，其要領與前面相同。

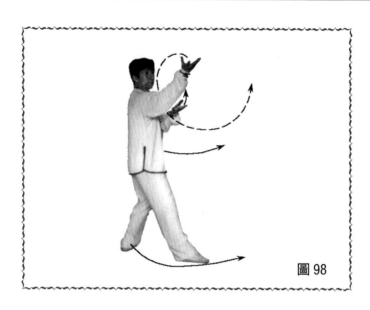

圖98

10.腰向右旋；兩腿隨轉體蹬直，身體直立
站起，隨之右腳向右側跨出一步；同時，兩掌
由左上側以逆時針立圓方向向下畫弧，經胸前
再向右上方托起，右手略高，左手略低，兩掌
心均朝上；目隨手移，面向東南（圖98）。

圖99

11. 上動不停。左腳向右腿後側偷步，隨之兩腿屈膝全蹲成右歇步；兩掌繼續沿立圓方向逆時針畫弧一周，然後向右上方捧托，右手在上，略高於頭；左手在下，略低於頭，兩手掌均朝斜上方；目視右上方，面向東南（圖99）。

【要領】

以上動作又為一個動作段落小節，其要領與前面相同。

【說明】

以上共四個動作段落，分別按東北、西南、西北、東南這四隅角來練習。這四個小節動作要領完全相同，其特點是兩手臂始終相對保持一定的框架，主體上以腰的左右旋轉和兩腿的相互交叉下蹲來完成動作。

長期練習此勢，可調整氣血流暢，使上身虛靈，下身沉穩。練時要形鬆意緊，肌肉含力，骨內藏剛。實質上是一種緩動的椿功，一種變形的太極功法。

12. 收勢動作

①腰向左旋，身體隨著腰的旋轉漸漸直立站起；兩手臂隨著轉體向左右兩側展臂向上側舉，兩手掌同高，均略高於肩，兩掌心均朝上；目視正前方，面向南（圖100）。

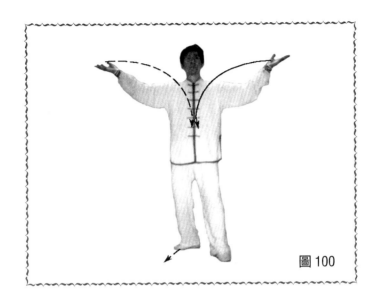

圖100

【要領】

　　此動作要全身放鬆，舒展雙臂，有托天捧日的氣概。再配合深腹式呼吸，要感知自己站在萬物生機的大自然中，上頂蒼天，腳踏厚土，將全身毛孔舒張開來，吸納天地之精氣、日月之光華來養育自己。隨著呼吸，體會大氣有從體內穿行而過的爽意。

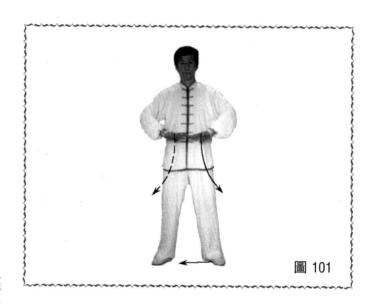

圖 101

②右腳向前緩緩跟上一步，兩腿左右平行分開，與肩同寬；雙手從左右兩側向胸前同時下按，兩掌心均朝下，虎口均朝裡，高與腰齊；目視正前方，面向南（圖101）。

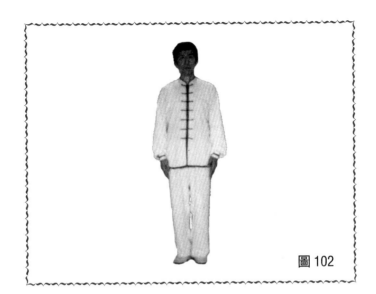

圖102

③上動不停。左腿向右腿併步靠攏；兩臂自然下垂於身體左右兩側；全身放鬆，目視正前方，面向南稍停後，結束（圖102）。

導引養生功 系列叢書

- ◎ 1. 疏筋壯骨功
- ◎ 2. 導引保健功
- ◎ 3. 頤身九段錦
- ◎ 4. 九九還童功
- ◎ 5. 舒心平血功
- ◎ 6. 益氣養肺功
- ◎ 7. 養生太極扇
- ◎ 8. 養生太極棒
- ◎ 9. 導引養生形體詩韻
- ◎ 10. 四十九式經絡動功

張廣德養生著作

每冊定價 350 元

全系列爲彩色圖解附教學光碟

彩色圖解太極武術

1 太極功夫扇

220元

2 武當太極劍四十九式

220元

3 楊式太極劍五十六式

220元

4 楊式太極刀

220元

5 二十四式太極拳+VCD

350元

6 三十二式太極劍+VCD

350元

7 四十二式太極劍+VCD

350元

8 四十二式太極拳+VCD

350元

9 楊式十六八式太極拳劍+VCD

350元

10 楊氏二十八式太極拳+VCD

350元

11 楊式太極拳四十式+VCD

350元

12 陳式太極拳五十六式+VCD

350元

13 吳式太極拳四十五式+VCD

350元

14 精簡陳式太極拳八式十六式

220元

15 精簡吳式太極拳三十六式 拳架·推手

220元

16 夕陽美功夫扇

220元

17 綜合四十八式太極拳+VCD

350元

18 三十二式太極拳 四段

220元

19 楊氏三十七式太極拳+VCD

350元

20 楊氏五十一式太極劍+VCD

350元

古今養生保健法　強身健體增加身體免疫力

養生保健 系列叢書

1 醫療養生氣功
醫療養生氣功
定價250元

2 中國氣功圖譜
中國氣功圖譜
定價250元

3 少林醫療氣功精粹
少林醫療氣功精粹
定價250元

4 龍形實用氣功
龍形實用氣功
定價220元

5 魚戲增視強身氣功
魚戲增視強身氣功
定價220元

7 道家玄牝氣功
道家玄牝氣功
定價200元

8 仙家秘傳祛病功
仙家秘傳祛病功
定價160元

9 少林十大健身功
少林十大健身功
定價180元

10 中國自控氣功
中國自控氣功
定價250元

11 醫療防癌氣功
醫療防癌氣功
定價250元

12 醫療強身氣功
醫療強身氣功
定價250元

13 醫療點穴氣功
醫療點穴氣功
定價250元

14 中國八卦如意功
中國八卦如意功
定價180元

15 正宗馬禮堂養氣功
正宗馬禮堂養氣功
定價420元

16 秘傳道家筋經內丹功
秘傳道家筋經內丹功
定價300元

17 三元開慧功
三元開慧功
定價250元

18 防癌治癌新氣功
防癌治癌新氣功
定價180元

19 禪定與佛家氣功修煉
禪定與佛家氣功修煉
定價200元

20 顛倒之術
顛倒之術
定價360元

21 簡明氣功辭典
簡明氣功辭典
定價360元

22 八卦三合功
八卦三合功
定價230元

23 硃砂掌健身養生功
硃砂掌健身養生功
定價250元

24 抗老功
抗老功
定價230元

25 意氣按穴排濁自療法
意氣按穴排濁自療法
定價250元

27 健身祛病小功法
健身祛病小功法
定價200元

28 張氏太極混元功
張氏太極混元功
定價250元

29 中國璇密功
中國璇密功
定價250元

30 中國少林禪密功
中國少林禪密功
定價200元

31 郭林新氣功
郭林新氣功
定價400元

32 八卦之源與健身養生
太極
定價280元

33 現代原始氣功1
現代原始氣功
定價400元

太 極 跤

1 太極防身術
太極防身術
定價300元

2 擒拿術
擒拿術
定價280元

3 中國式摔角

中國式摔角
定價350元

簡化太極拳

1 陳式太極拳十三式
陳式太極拳13式
定價200元

2 楊式太極拳十三式
楊式太極拳13式
定價200元

3 吳式太極拳十三式

吳式太極拳13式
定價200元

4 武式太極拳十三式

武式太極拳13式
定價200元

5 孫式太極拳十三式

孫式太極拳13式
定價200元

6 趙堡太極拳十三式
趙堡太極拳13式
定價200元

傳統民俗療法 系列叢書

1 神奇刀療法

定價200元

2 神奇拍打療法

定價200元

3 神奇拔罐療法

定價200元

4 神奇艾灸療法

定價200元

5 神奇貼敷療法

定價200元

6 神奇薰洗療法

定價200元

7 神奇耳穴療法

定價200元

8 神奇指針療法

定價200元

9 神奇藥酒療法

定價200元

10 神奇藥茶療法

定價200元

11 神奇推拿療法

定價200元

12 神奇止痛療法

定價200元

14 神奇新穴療法

定價200元

13 神奇天然藥食物療法

定價200元

品冠文化出版社

常見病藥膳調養叢書

1 脂肪肝四季飲食

定價200元

2 高血壓四季飲食

定價200元

3 慢性腎炎四季飲食

定價200元

4 高脂血症四季飲食

定價200元

5 慢性胃炎四季飲食

定價200元

6 糖尿病四季飲食

定價200元

7 癌症四季飲食

定價200元

8 痛風四季飲食

定價200元

9 肝炎四季飲食

定價200元

10 肥胖症四季飲食

定價200元

11 膽囊炎、膽石症四季飲食

定價200元

品冠文化出版社

歡迎至本公司購買書籍

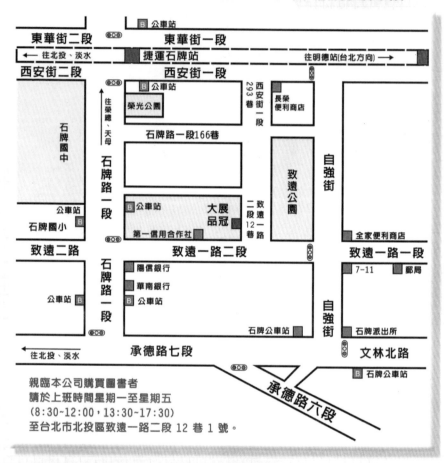

親臨本公司購買圖書者
請於上班時間星期一至星期五
(8:30~12:00，13:30~17:30)
至台北市北投區致遠一路二段 12 巷 1 號。

建議路線
1. 搭乘捷運
　　淡水線石牌站下車，由出口出來後，左轉(石牌捷運站僅一個出口)，沿著捷運高架往台北方向走
(往明德站方向)，其街名為西安街，至西安街一段293巷進來(巷口有一公車站牌，站名為自強街口)，
本公司位於致遠公園對面。

2. 自行開車或騎車
　　由承德路接石牌路，看到陽信銀行右轉，此條即為致遠一路二段，在遇到自強街(紅綠燈)前的巷
子左轉，即可看到本公司招牌。

國家圖書館出版品預行編目資料

龍形九勢健身法／武世俊　編著
——初版，——臺北市，大展，2006 年〔民 95〕
面；21 公分，——（古代健身功法；5）
ISBN　978‑957‑468‑489‑2（平裝）

1. 拳術—中國

528.97　　　　　　　　　　　　95014372

【版權所有・翻印必究】

龍形九勢健身法

ISBN‑13：978‑957‑468‑489‑2
ISBN‑10：　　957‑468‑489‑x

編　　著／武世俊
責任編輯／張建林
發 行 人／蔡森明
出 版 者／大展出版社有限公司
社　　址／台北市北投區（石牌）致遠一路 2 段 12 巷 1 號
電　　話／（02）28236031・28236033・28233123
傳　　眞／（02）28272069
郵政劃撥／01669551
網　　址／www.dah-jaan.com.tw
E‑mail／service@dah-jaan.com.tw
登 記 證／局版臺業字第 2171 號
承 印 者／高星印刷品行
裝　　訂／建鑫印刷裝訂有限公司
排 版 者／弘益電腦排版有限公司
授 權 者／北京人民體育出版社
初版 1 刷／2006 年（民 95 年）10 月

定價／180 元

●本書若有破損、缺頁敬請寄回本社更換●

推理文學經典巨著，中文版正式授權

名偵探明智小五郎與怪盜的挑戰與鬥智
名偵探柯南、金田一都讚嘆不已

日本推理小說鼻祖－江戶川亂步

1894年10月21日出生於日本三重縣名張〈現在的名張市〉。本名平井太郎。
就讀於早稻田大學時就曾經閱讀許多英、美的推理小說。
畢業之後曾經任職於貿易公司，也曾經擔任舊書商、新聞記者等各種工作。
1923年4月，在『新青年』中發表「二錢銅幣」。
筆名江戶川亂步是根據推理小說的始祖艾德嘉・亞藍波而取的。
後來致力於創作許多推理小說。
1936年配合「少年俱樂部」的要求所寫的『怪盜二十面相』極受人歡迎，
陸續發表『少年偵探團』、『妖怪博士』共26集⋯⋯等
適合少年、少女閱讀的作品。

1 ～ 3 集　定價300元　試閱特價189元

一億人閱讀的暢銷書！

4 ～ 26 集　定價300元　特價230元

4.大金塊　　5.青銅魔人　　6.地底魔術王　　7.透明怪人　　8.怪人四十面相　　9.宇宙怪人

10.恐怖的鐵塔王國　11.灰色巨人　12.海底魔術師　13.黃金豹　14.魔法博士　15.馬戲怪人

16.魔人銅鑼　17.魔法人偶　18.奇面城的秘密　19.夜光人　20.塔上的魔術師　21.鐵人Q

22.假面恐怖王　23.電人M　24.二十面相的詛咒　25.飛天二十面相　26.黃金怪獸

品冠文化出版社

地址：臺北市北投區
　　　致遠一路二段十二巷一號
電話：〈02〉28233123
郵政劃撥：19346241